JN410916

아직도, 땡감

정대구 시집

인지
생략

들꽃시인선 16
아직도, 땡감

지은이/정대구
펴낸이/문창길
초판인쇄/2021년 04월 20일
초판펴냄/2021년 04월 25일
펴낸곳/도서출판 들꽃
주 소/100-273 서울 중구 서애로 27 서울캐피탈빌딩 B2-2호
전 화/02)2267-6833, 2273-1506
팩 스/02)2268-7067
출판등록/제2-0313호
E-mail:dlkot108@hanmail.net

값9,000원
* 파본된 책은 바꾸어 드립니다.

ISBN 978-89-6143-215-3 03810

들꽃시인선 16

아직도, 땡감

정대구 시집

* 이 시집은 필자가 80대 초반인 2015년 전후에 정리한 것으로 그간 여러 사정이 있어 출판이 늦어졌음을 밝히고 독자 여러분들의 양해를 구합니다. 고맙습니다.

| 시인의 말 |

마음이 가난한 자 복이 있나니
시 짓는 자는 항시 마음이 가난한 자
시인은 복이 있나니 시 짓는 일 자체가 그대로 복
이 각박한 세상에서 나 지금 시를 짓고 있나니
나는 복 있는 자
그렇지만 나는 아직도 땡감

2021년 초봄
정 대 구

| 아직도 땡감 |

차례

제1부

| 아직도 땡감 |

제2부

제3부

제4부

제 1 부

부처

또닥또닥, 바윗돌을 찍어 만들어내야만 부처인가
내 눈엔 바윗돌 그대로가 부처인 것을

어디, 나무를 베어 말려 조각칼을 대어
깎아 만들어내야만 부처인가
살아 있는 나무 자체가 그대로 생불인 것을

비오는 날 운문사에서

요사채 너른 마당기슭에
어린 송이버섯 위로
화투짝의 광땡 같이 환하게 솟는 둥근 달
여러 개 뜬다

제가끔 속세의 슬픔을 감춘 공양그릇 받쳐 든 운문사 여린 여승들
파르라니 깎은 머리가 법문처럼 읽힌다 나에겐
껍질 벗긴 감자 같기도 하고
풋살구 같기도 하고

언제부터 내리는 가랑비에 촉촉 눈물 젖는다

신처용가

서울서는 밤이 더 시끄러워
차라리 초저녁부터 자버린 내가
시골로 내려와 살면서
제일로 그냥 보내기 아까운 건 맑고 밝은 달밤
오늘밤도 자석처럼 딸려나가
밤 깊어지는 줄도 모르게 밤 깊어졌네

마누라야 역신과 자든 말든

씨에 대하여

한 여자가 한 남자를 아무개 '씨' 라고 부를 때
자신도 모르게 그 여자의 씨방에 사랑의 씨를 불러 앉히자는 거지

(외경심畏敬心이 사랑 낳나, 살이 사랑 낳지.)

'선생님' 하고 부르던 한 여자가
어느 날 느닷없이 아무개 씨라고 나를 부르네

좋아요 좋아 서로간의 경계 짓는 외경外境 畏敬을 허물어 버리고
살의 거리를 좁혀 보자는 거겠지

안개연못

아직 찬 공기가 잠자는 아침
연한 안개 속을 휙 비끼어
까치가 깍깍깍 깜빡 내려앉는다.

점점 둥글게 피어오르는 안개 속
어디서 두런두런
사람들의 말소리가 들려오다가
쿵 부딪히는 소리
속을 알 수 없는 깊은 연못이다

내가 일어나 말을 건지러 들어간다.

우선권

요즘세상에서는
뉴스를 듣고 있던 리모컨은
무조건 연속극에게 빼앗긴다네
마누라의 연속극은
어린 손자손녀의 만화에게 맥없이 뒤통수를 맞는다네

속수무책 꼼짝없이 당한다네
좋게 말해서 양보겠지만
사실은 뺏기는 것
우리 집에선 그런데
다른 집에선 안 그렇다네
정말로?

윷놀이

정초에 세찬을 나누고
가족들과 편을 갈라 윷을 논다
도를 치든 개를 치든 상관없지만
내 말이 잡히면 안타깝다

남의 말을 잡아먹는 건 너무 잔인하고
두 동문이 세 동문이 한꺼번에 업혀가는 얌치 짓
자주 쓰는 게 아니다

바라건댄, 팔방이나 쑤시지 말고
모 걸로 방했다 윷으로 나기를
그러나 윷가락은 빽도
맘대로 칠 수 없는 도 개 걸 윷 모의 운명

이명

찌찌 찌르르
귓속에서 여치가 울어요
음악이에요
겨울에도 풀무치 노래를 들어요
따로 음악회 갈 필요 없네요
때로는 윙윙
지구 돌아가는 소리도 들려요
지구과학 연구소를 차리세요

나만 듣고 남은 못 듣는 소리
이명耳鳴

장엄바위

-장엄하지 않아 장엄하구나(卽非莊嚴 是名莊嚴)*

오, 장엄하구나
나의 콧물기침 줄줄이 재채기
장엄하지 않아서 참으로 장엄하구나

여름내 더위를 피해 나무그늘 속에 몸을 숨겨
잘 보이지도 않던 검은 바위
찬바람 불자 나뭇잎 떨어지고 드러낸 알몸
첫추위에 감기 들었나 콧물기침 줄줄이 재채기
콧물기침 줄줄이 재채기

병원 가래도 안 가는 고집 단단한 콧물바위
장엄하지 않아 장엄하구나

*금강경에서

주문呪文

심경深更에 심경心經을 심경深耕하여 심경深境에 든 심경心鏡

주소불이晝宵不二 주야상견晝夜相見

누군가 이 깊은 밤에
마음경 꺼내어
얼룩진 상처
어둡고 괴롭던 마음결
닦고 또 닦아
아른아른 맑고 밝은 깊은 경계에 닿은
마음의 거울
그늘도 빛도 따로 없이
낮에도 밤을 읽고
밤에도 낮을 보네

깊은 밤 마음경 깊이 갈아 깊은 경지에 든 마음거울
주야가 따로 없이 밤낮 서로 비추네

침묵투쟁

말이 없는데 말이 있다
부부사이 말없는 말이 오고 간다
몇 번이고 가고 온다

남편은 말없는 아내의 말을 받아넘기고
아내도 말없는 남편의 말을 받아넘긴다
몇 번이고 치고받는다

바가지 긁는 소리가 들리는 것 같았고
몇 번이고 접시가 깨지고
말없는 말 속에 피가 흐르고

뉘 집에선가는 웃음꽃이 흐르는 침묵도 있다는데

태풍과의 동침

태풍의 이름이 왜 하필이면 여자인지

부드럽고 조용한 그 여자와의 뜨거운 하룻밤이

그렇다면

태풍과의 동침이었더란 말인가

티눈

촌은 역시 촌스러워야 하는데
우거진 자연숲을 까내고
부스럼처럼 들어앉은 공간 인공공원은
한 치의 땅도 놀리지 않고
곡식을 심어 먹는 촌사람에겐 눈엣가시
불편하고 부자연스러워
이용하는 사람 없는 공원公園은 공원空園이 되어 버려
그 자리가 늘 아프다네

한데, 골프장을 들여오겠다고
이 마을사람들 더 배고프라고
더 배 아프라고
바다만한 티눈을 이 촌구석에 만들겠다고?

폭포

이마받이 발길질

내몰리는
분하고 억울함

불면과
소음의

나이야 가라
맨발로 가라

욕망과 회한 사이
쏜살같이 달아나는

만년청춘과
백발의

아 아찔한
낙차

현대식 해우소에서

절간 가서 화장실을 찾으니 '해우소' 를 가리키네
우선 달려가 급한 볼일부터 보고 보니
참 고맙고 신통해라 해우소 맞네

오래 참았던 시급한 근심거리 순식간에 해결하고 보니
요즘엔 전과 달리 양변기라 금상첨화 일거양득
타고앉아 즐기기에 시간 가는 줄 몰라라

화급한 나를 반갑게 받아준 정숙하고 깔끔한 백인여자
나의 절대고민을 한방에 수장시켜버리는
용기 있는 전라의 여자

꿀꺽꿀꺽 꾸르륵 게걸스레 허기를 집어삼키는 소리
삽시간에 나의 굵은 고민덩어리가 시원스레
즐겁게 빙글 빙그르르 돌아나가네

제 2 부

간지러운 사월

연분홍 치마가 봄바람에 휘날리더라*
사월은 간지럽다 간지러웁다
너도 간지러우냐 나도 간지러웁다
대지의 살갗이 간질간질
개나리 진달래 웃음소리 간지럽고
허공을 만지는 창공의 바람결도 간질간질
내 살갗을 스치는 네 손길도 간질간질
하늘과 땅 사이 간지럽지 않은 게 없구나
마지막 날까지 간지러웁다
간지러운 너와 나 사이 아지랑이 세워두고
곧 오월이 문턱을 넘어오겠거니
오, 살아있는 간저러움
살아있음의 기쁨이구나구나

*흘러간 유행가사에서

그 여자가 사는 나라

한 걸음 다가서면 두 걸음 물러나고

두 걸음 물러나면 한 걸음 다가오는

안개 속 그 여자가 사는 나라는 시의 나라

미스miss 감

수줍음을 타는 듯
발그레한 얼굴
미스miss 감

바람 스칠 때마다 살짝살짝
감췄다 내밀고 내밀었다 감추는
조 귀엽고 말캉말캉 말랑한 것

똑 따먹고 싶어라

가던 구름 멈춰 서서 한참을 쳐다보다가
꼴깍 침만 삼키네

비린내

아랫도리가 뿌듯한 새벽
코로 듣는 빗소리
비 비린내
물씬

아내는 슬쩍 아이의 자리를 옮겨 누인다
아내와 놀 수 있는 공간이 넓어진다
둘 사이 좁혀진 비린내
으~흠
흡 흡흡

빛과 빚

젊은 나이에 희망은행에서 대출받은 빛

빛의 사업이 잘 안 풀려

오랫동안 그대로 두었더니 녹이 슬어

일점(·)이 떨어져나간 빛이 빚으로 변해버려

잘 못 살아온 내 삶의 빚이 되었습니다

이자의 이자 이자의 이자가 자꾸 불어나

평생 갚기 힘든 무거운 빚

사랑병

나
너
안에
들어가고 싶어
너는 나를 호리는 호리병
너에게 사로잡힌 나를 본다
네 안에 들어있는 나를 본다
너는 투명한 유리 호리병
너에게 홀려 버린 나
자꾸 꽂히고 싶어
내 손 미끄러져
미칠 것 같아
중심을 향해
더 깊숙이

산에 가는 이유

하늘 꼭대기 같은 봉우리를 쳐다보면 올라가고 싶어
용 같이 꿈틀대는 능선을 바라보면 타보고 싶어
사타구니 같은 골짜기를 들여다보면 들어가고 싶어

골짜구니에 들어가서 질탕하게 놀다가
용을 올라타고 하늘을 나는 이 맛
흐르는 구슬땀을 솔솔 씻어주는
섬섬옥수 그녀의 바람결
세상 다 준다 해도 바꿀 수 없는
이 기분 너희는 아직 모를 거야

환골탈태 몇 허물 더 벗는다 해도

서봉산에 갔다가

별로 높지는 않지만
화성에선 꽤 알려진 깃들서棲 봉새봉鳳 서봉산
봉새가 깃들어 산다는 화성 서봉산
정상은 쳐다보지도 못 보고
기슭에서 놀다가 돌아왔네

생각해보니 아직 난,
속세에서 난알이나 축내는 잡새에 불과해

이 환장할 놈의 내 청춘

의정부 가면 '이 환장할 놈의 내 청춘' 이라는 대포집이 있다

환장할 놈의 청춘도 없이 애들 적부터 애늙은이로 늙은 나

어디 한번 이 나이에 들어가 보자 이 환장할 놈의 내 청춘

그래 한번 붙어보자 너랑 나랑 누가 더 환장할 놈의 청춘인지

지옥카페

신촌 가면 지옥카페가 있다.
호기심에 들어가 보려하니 만원사례 앉을 자리가 없다
아하, 너도 나도 현대인은 지독히도 지옥을 좋아하나봐
천국카페는 없을까 둘러보니 맞은편에 있다 천당카페
건너가 보니 출입문은 녹슬고 작은 쪽지 하나 붙어있다
장사가 안 돼 폐업 중. 아하, 이를 어쩌나
현대인은 너나없이 다 천당 가기 싫어하나봐

충충이 아이들이 뛰어오르는 층계

충충충 올라오는 짙은 푸름 속
싱그러운 파도 소리 귀를 때리고

충충이 흘러내리는 구름자락 밟고
맨발의 아이들이 내달리며

껑충 껑충 뛰어오르고 있다
충충충 짙푸른 계단

폭포 앞에서

흰 몽둥이로 내리치는 물벼락

정신의 맨 밑바닥 별이 보인다

골짜기에 환하게 불이 켜진다

풍선과 사과와

지구 아래쪽에 점ㅎ하나 찍어주니까
지구가 풍선 되어
아이들의 손에서 붕붕 날아가네요!

지구 위쪽에 점ㅎ하나 올려주니까
지구가 사과 되어
사과나무에 주렁주렁 매달리네요!

하늘만큼 땅만큼

아득한 시공 속에서 동시대인으로 우리는 만나서
같은 하늘 아래 같은 땅을 밟고 같은 말을 쓰는
대한민국 사람으로 우리는 만나서
수십억의 인총 속에서 너는 여자 나는 남자로 만나서
첫눈에 관심을 끄는 섬과 섬으로 우리는 만나서
광명천지光明天地 환한 대낮에 단둘이
춘생추실春生秋實 시월상달에 우리는 만나서
들숨 날숨 서로의 호흡이 섞이는 거리에서
쿵쾅쿵쾅, 하늘만큼 땅만큼 손도 떨리고 가슴 떨려,

제3부

‘매미’ 를 날려버리고

오후의 그늘이 드리운 창밖
참죽나무기둥에서 참나무가지에서
시원하게 퍼붓는 매미소리 맴 맴 매앰~
아, 저놈들 저리로 날아갔었구나.
오늘 아침 컴퓨터 오작동으로
클릭 한번 잘못에
여러 낮밤 애면글면 애써 지은 매미들
한꺼번에 다 날려버려
어허, 이를 어쩌나 나무아미타불
지금 열어젖힌 창문으로 쏟아져 들어오는 매미소리
놈들을 어떻게 내 작품방에 다시 불러들이지
창을 열고 클릭 클릭해도
허허바다 같은
뽀얀 나의 모니터엔
저들의 영혼처럼 커서만 깜박깜박

놈들은 제 세상 만났다고
사이버cyber 아닌 실제공간에서

매앰 매앰 맴~
파란 허공으로 기차게 노래를 날려보내는데
그 소리를 들으며 나는 시~발 시~발 씨~
나에게 욕을 퍼붓는다
나를 비웃고 약 올리는 듯해

도망친 피고

오늘 아침 휴지통에서
피고, '기차를 타고' 를 다시 불러내어
그의 말의 진위를 캐묻던 중
키보드 오작동으로
기차를 타고 돌아오지 못할
사이버공간으로 영영 날려버렸네

얼마나 감쪽같은지
흔적도 없이 불가사의하게,

추궁에 못 이겨 토해낸
그가 진술한 기록들이
스스로 목숨을 끊어버린 걸까

오호 통재라
피고인 내 정신의 살점이여
나를 믿고 일을 맡긴
원고마저 다시 볼 면목 없어

양측의 죄인 되었네

동지음冬至吟

해지고 털 빠진 날개
꺾이고, 쓰러지고, 무너지고 아픈 다리
더 이상 갈 수 없는, 더 할 수 없는
운행의 끝 절벽,

-동지-

동시에 이 밤 새고 나면
해가 노루꼬리만큼씩 길어진다는 내일 있어
절망으로 다시 타는 한 있어도
손톱눈 같은 희망의 새 알을 품어요

매미소리를 들으며

노래인지 울음인지
울음일까 노래일까
난, 모르겠다.

노래라면 무슨 노래가 저토록 악을 써
진땀을 빼나

무슨 깊은 사연일까
단순한 노래일까
난, 귀 먹었다

제 딴엔 사랑을 찾는 노래라는데
참 그 사랑 요란키도 해라
난, 귀 멀었다.

멀쩡한 낮달 트라우마trauma

시퍼런 대낮에 손톱자국 같은 저건 뭐니

벗어놓은
달의 허물?

지글지글 해가 타는 서슬에
하얗게 질려버린 부스럼딱지?

세상에 귀 먹은
나의 귀때기?

희미한
소리의 흔적?

비우상이취월飛羽觴而醉月*

우승컵으로 술잔을 돌렸다

이 가지에서 저 가지로 새가 날듯

우승컵에 날개 달린 듯

이 사람에게서 저 사람으로 날아다녔다

승리로 들뜬 기분 내려놓지 못해

술에 취하고 달에 취해

원샷 원샷 바쁘게 돌아갔다

*이백의 춘야연도리원서에서

신구운몽
-수탉이 되어 여자가 보이네

여자가 보일 나이엔
여자가 보이지 않고
혹은 보고도 못 본 체했던가?
어머니와
어머니 같은 누님과
어린 여학생들만
눈에 들어오더니

엉뚱하게 여든 턱 밑에서
여자가 보이기 시작
S라인이라든가
V라인이라든가
쭉쭉빵빵이라든가
통속적으로 온몸으로
여자를 뽐내는
여자로 볼 수밖에 없는 여자들

겨울 벗고 한창 물오른 처녀애들

싱싱한 오월의 눈부신 몸매
나를 끌어들이는 아슬아슬한 노출
…가슴 두근두근

귀신이 보인다던
마흔 미당의 곱절 나이에
노망인지 주책인지 나는
엉뚱하게 귀신은커녕 여자가 아른아른

언제고 꿈속에서라도 나,
멋진 붉은 벼슬과 꽁지깃을 달고
길고도 아름다운 목청을 빼는
스태미나 넘치는 늠름한 수탉으로 태어나

예쁜 여자들 후려 납작 엎드리게 하고
팔선녀*쯤 사랑으로 감당해야지
지붕 쳐다보기는 그만하고
암, 옆에 끼고 누려야지 즐겨야지

*팔선녀: 구운몽의 주인공 양소유의 여덟부인(제1부인 정경패, 제2부인 이소화, 제3부인 진채봉, 제4부인 가춘운, 제5부인 계섬월, 제6부인 적경홍, 제7부인 심요연, 제8부인 백능파)

새해를 포맷하자

몽실몽실 흰자위 구름을 비집고
쏘옥 알을 낳는다
말갛다 닭의 해 을유년의 첫 알!

나는 그 말랑말랑한 해를 홀짝 들이마신다
그러자 뱃속이 밝아지고 따끈따끈
스멀스멀 웃음이 터져 나와
우하하 우화화羽化化
우화이등선羽化而登仙
날갯짓 무한창공을 날아오른다.

아직도 땡감

너만큼 시력詩歷을 쌓은 시력視力이면
괜찮은 나무와 꽃과 구름과 바람 새소리로 집을 짓고
시구마다 줄줄이 삶의 지팡이를 세우고
착한 선禪의 등불 내걸 만도 한데
풍성한 단감의 탑이 입맛을 돋우고
홍시가 시선을 잡아끄는데
너는 오종종 매달린 철부지 새파란 땡감이더란 말이냐
새파란 청춘도 아니고
뭔 놈의 회의懷疑가 그리도 많고
수많은 세월 속에서도 사그라지지 않은 고뇌의 가시가
빽빽하게 씹히는
아직도 푸른 피가 식지 않은
떨떠름한 땡감 맛이더란 말이냐
너의 시도 이제 입안 뿌듯한 떫은 물 다 빼내고
비린내 나는 허물도 털어내고
제발 때깔 곱고 향기 높은 열매
매달 때도 되지 않았니

오월의 신부여

오월의 신부여
내게로 오라
분단장 따로 할 것 없이
싱싱한 맨 얼굴 그대로 오라
연둣빛 엔트로핀
산천초목
모두 일어나 마중하나니
만세를 부르나니
눈부시도다!
계절의 여왕 나의 신부여
코끝으로 눈썹미로
가슴엔 듯 눈엔 듯* 나를 간지럼 태우는
그대로 맨발로 오라
오라, 몽땅
일 년 열두 달 그대 위해
살뜰히 비워놓은
나의 방으로

*김영랑의 시 '끝없는 강물이 흐르네' 에서 차용

장기를 두며

날일자로 뛰는 말길도 멱이 막히고
쓸용자로 누비는 상길도 멱이 막히고
졸자들은 흩어져 힘을 못 쓰고
다리를 놓아주는 기불 없어 포도 무용지물
달려와야 할 찻길도 막혀 답답하기는 마찬가지
양수 겹장은 받아야 하는데
양사마저 하나도 보이지 않으니
손을 들어야 하나
죽어도 그럴 수는 없는데
난국을 헤쳐 나갈 어떤 묘수가 없나
전지전능하신 하느님
이런 때 건곤일척乾坤一擲, 한 수 가르쳐 주소

피카소를 보러 가서

도대체 나이를 종잡을 수 없는
그녀와 함께
서울에 들어온 피카소 전을 보러 갔다
피카소는 소가 아니다
아니다 소다
그녀는 만이천원짜리 관람권을
걸고 내기를 걸었다
피카소는 소다 아니다
지루한 설전에 나는 점점 무료해 지고
나는 무료 관람이지만
그녀는 본전 생각에
눈에 불을 켜고 소를 찾아
내기에 지지 않으려고 기를 쓰고 헤매다가
눈이 앞으로 튀어나오기도 하고
때로는 뒤로 숨어버리는 나를 찾느라
뒤통수에 불을 붙이고
물론 가슴에도 눈이 켜져 있다
이때에 그녀는 단순한 소가 아닌 벌거벗은 피카소가

네 번째 결혼한 그녀*를 닮았단다
두 개의 얼굴이 평면상에서
앞과 뒤로 나뉘고
하나의 선으로 이어진
두 개의 직삼각형 유방이
나비넥타이처럼 비스듬히 걸려있다
나는 무료한 참에
그 역삼각의 숲을 헤치고
숫소를 몰고 들어가
텐트 치듯 말뚝을 박고
저녁을 쏠 생각이었는데
불현듯 그녀가 발기한 나에게
팔짱을 걸었다

*당시 나이 17세의 마리 테레즈

장기를 배우면서

초한 양국의 장졸이 청군 홍군으로 나뉘어
제5선을 경계로 각기 포진완료
자, 시작이다 맞장을 뜨게 되면

졸과 병은 한 발씩 한 발씩 전진만 있고 후퇴는 없어
마馬는 날일자日로 뛰어야 하고
상象은 뚜벅뚜벅 멱을 피해서 쓸용자用로 가야 하는데
(길목을 지키는 멱이 문제로다 길목 찾기 어려워)
포는 징검다리를 넘어가 때리고
차는 직선으로 내달려 곧바로 장을 부를 수도 있고
사와 궁은 궁성 밖을 못 나가

장기를 배우면서 비로소 깨치는 삶의 한판 승부
그동안 나, 주제 파악도 못하고
졸 주제에 차포 흉내 내다가 두 손 들었네

짙은 안개 속에서

농무濃霧, 농무가
집어삼킨다고 썼다가
버무린다고 고쳐 쓴다
들에 나간 아저씨 아줌마도
푸른 풀잎과 붉은 꽃잎도
들판에 꽂힌 전봇대도
휘젓고 달리던 내 말도
조용히 버무린다고 고쳐 쓴다
사람과 집 하늘과 땅
한 빛깔로 버무린다 안개를 퍼붓고
두려움 없이 가차 없이
상하고저 아무 구별 없이
하나 되어 오리무중 최면에 든다
능력 있는 화가라 할지라도
색깔을 덧칠 할 수 없다
어떤 화두를 가지고도
사물을 풀어내지 못함이여
어쩔꼬 어쩔꼬

희망사항

봄, 동산에 진달래꽃 피어나듯
활짝활짝 얼굴이 피어나고

여름, 쩍쩍 갈라진 논에 소나기 퍼붓듯
좌악좌악 시상이 쏟아지고

가을, 사과나무에 사과 열리듯
주렁주렁 생각이 열리고

겨울, 장독대 위에 눈 쌓이듯
소복소복 시말이 쌓이고

사시사철 물레방아 돌리고 돌아
또다시 봄, 여름, 가을, 겨울,

제 4 부

가던 구름 멈추게 한 거문고 소리

- 가냘픈 노래가 엉겨서 흰 구름이 멈추네

가을 창가에 앉아

바람의 책을 편다.

섬섬옥수

햇살이 하얗게 내려앉는다.

고소한 냄새가 난다

작은 활자들이 고물고물 기어가는

한줄, 한줄 행간에서

잘 고른 거문고 가락을 듣는다.

퉁겨내듯

물방울소리 굴러 나온다.

가던 구름도 멈춰 서서

귀 기울인다.

-섬가응이백운알纖歌凝而白雲(왕발의 등왕각서에서)

개그맨

-병술년丙戌年 코미디

새해를 포맷하자
근허신년, 개(dog德) 그(其) 맨(man人)이
소담笑談스래 웃음을 싣고 와

사람을 웃긴다.
우습지도 않은 개그덕담(dog덕담德談)

그 사내
-금강경을 읽고 나서

붓다
왕자의 몸으로 가진 것 다 남 주고
머리칼 잘라 남 주고
달랑 바릿대 하나
햇살에 어깨 드러낸 눈부신 누더기 하나
코드가 낡았다고
버저가 잘 못되었다고 비전이 없다고
누가 앞질러 손가락질말 하겠는가
팔백사천만억나유타 제불을 섬기고
이천오백몇 년 뒤
후생이 말하는 우주은하계보다 더 큰
삼천대천세계를 열어 보이고
맨발로
두어 마장쯤 걸어가 밥 빌어먹는
저 사내
슬프도록 텅 빈 장엄한 등판
거울삼아
내가 나의 허허한 뒷모습을 본다

그 친구 사무실

논현동 가구거리에 그 친구* 사무실은
의자 둘 놓기도 빠듯한 공간이지마는
그에게는 기쁘거나 슬프거나
어떤 모양으로든
의자 백 개도 더 놓을 마음의 공간이 있어
오늘도 울적하고 답답한
마음 둘 곳 없는 내 마음을 주저앉힌다

언제나 그렇듯 그가 거기 있어
기쁠 때나 슬플 때나 수시로
나의 발길은 그의 공간에 가 닿는다
편안하다 무거운 짐을 풀어놓듯
거기서 나 편하게 잠을 자기도 한다
때때로 다리 오그리고

* 귀암龜巖 남상흡

그미와의 거리

가까이하고픈 그미
1m앞에서도 더 가까이

1m는 100cm,
1cm 앞에서도 더 가까이

1cm는 10mm,
1mm앞에서도 더 가까이

좁히고 좁혀 경계를 지운 그미와의 거리

기다림

일찍 대문 열어 놓고 아침부터 누굴 마중 나가나

간밤에 찾아온 길이 꿈길인 줄도 모르고

온종일 돌부리에 채이고 돌아오는 얼얼한 마음

그미와 헤어진 뒤 새로운 버릇 하나 생겨

내숭

난 몰라요
난 몰라요

남들도 다 아는
심상치 않은 눈길 부딪치면서
서로의 몸을 당기면서
이미 뜨거워진 두 사람

난 몰라
난 몰라

다 알면서

물이 가는 길

몸 구부려 돌아가고
머리 처박고 곤두박질치고

부서지고 피어오르고 흘러가고 쏟아지고 스며들고 솟아오르고
펑퍼지고 둥글어지고

불이 되기도 하고 얼음이 되기도 하면서
가끔씩 역류도 해가면서,

종당엔 수평이 되는 길

밤꽃

아니겠지 저렇게 벌건 대낮에
버젓이 정액냄새 풍기는 저놈
생김도 꼭 뭣같이 생겨갖고
뭘 좀 밝히는 아줌마들 환장하게 만드는

밤에 피는 꽃만이 밤꽃이냐

밤송이 겉옷 벗기면

겉으로 무조건
꼭꼭 찔러대는 그녀의 별명은 밤송이

그게 그녀의 매력
일단 조심조심 겉옷 거둬내면

눈길 미끄러지는
반질반질 윤나는 피부

그냥 오래도록
만지작만지작 갖고 놀고 싶고

쟁글쟁글 군침 돌아
이걸 까먹어야 하나 말아야 하나

부자나라

죽도 독도 우음도 백령도 제부도 제주도

하느님이 선물로 심어놓은 수많은 섬, 섬, 섬
황금 다도해

새섬 돋섬 콩섬 밤섬 쌀섬 엇섬 돈섬
백섬 천섬 만섬 만만섬

우린 충분히 만석꾼이 부자나라

수리산에서

망가진 몸 수리하러 수리산에 갔어요

몸과 마음에 병이 난 사람, 고장 난 사람
일단 수리산에 가서 수리를 받아 보세요
한 열 번쯤 오르내리다보면 효험을 봐요

수리수리 마하수리
발목도 튼튼 어깨도 튼튼 허리도 튼튼 허파도 튼튼
아픈 사람 다 고쳐주고 낡은 것 새것으로
건강한 사람은 더 건강하게
수리수리 마하수리

숲과 바람

심심한데 그 여자를 불러내어
놀아나볼까
기억 깊숙한 곳을 더듬어
내려가 볼까
늘 나를 설레게 하던 그녀
숨차게 하던 그녀
잠시도 나를 가만 놔두지 않던
그녀에게 붙잡혀
오늘 얼얼하게 살이 해지도록
그냥 신나게 놀아볼까

심심치 않게만 놀아볼까

제 8요일

월 화 수 목 금 토 일
단 하룻밤도 별이 보이지 않는다

月요일, 월명성희, 달이 너무 밝아 별이 잘 보이지 않는다 치자
火요일, 불빛이 너무 환한 탓에 별이 보이지 않는다 치자
水요일, 짙은 물안개가 앞을 가리어 별이 보이지 않는다 치자
木요일, 나뭇가지가 너무 흔들리는 바람에 별이 보이지 않는다 치자
金요일, 별이 보이지 않는다 너무 번쩍거려
土요일, 별이 보이지 않는다 흙바람 앞을 가려
日요일, 일요일 밤이라 별 볼일 없어

일주일 내내 별이 보이지 않는다
옳지, 허면 제 8요일로 별성星자 성요일을 창조하심이 어떨지

星요일, 밤하늘은 얼마나 멋지겠어

시골버스

한 번 놓치면 한 시에서 다섯 시까지
무려 네 시간을 기다리게 하는 마을버스
그 다음 막차는 여덟 시
장에 나왔던 미자 엄마
똘똘이 아지매
성칠이 할배 미순 할매와 함께
나 역시 죽치고 앉아 기다리고 있다.

어릴 적 고등공민학교 시절 나는 걸어 다녔다.
매일 한 시간에서 한 시간 반씩

| 작품해설 |

처용, 피카소와 구운몽 그리고 한자 시어의 육화

-정대구 시집 『아직도 땡감』을 읽고

임 금 복 | 문학평론가

| 작품해설 |

처용, 피카소와 구운몽 그리고 한자 시어의 육화

-정대구 시집 『아직도 땡감』을 읽고

임 금 복 | 문학평론가

1. 시의 길을 걸어왔고, 걸어가고, 걸어갈

정대구 시집을 읽으면서 시 속에서 다양한 시적 화자를 만났다. 시적 화자는 나, 남편, 사내, 선생님, 할아버지, 수탉, 여든 턱의 나이를 가진 사람, 시를 써온 사람, 촌 사람, 말의 낚시꾼, 남과 다르게 세밀한 언어를 잘 듣는 사람, 작품방을 갖고 있는 자, 시력을 쌓은 자, 만년 청춘과 백발 사이를 오가는 자, 봉황의 꿈을 가진 잡새 등등이다. 그렇다면 펼쳐질 세계도 그 화자들의 시선이나 안목, 심리와 무의식이 다양하게 드러날 것이 분명하다. 이번 시집에 들어있는 60여 편의 시를 읽으면서 어떻게 계열화할 것인가? 시인이 편집한 1부, 2부, 3부, 4부와 다르게 말이다. 시인 자신에게는 모두 자신의 분신이기에 열 손가락 깨물어 안 아픈 시가 없겠지만, 뭔가 해설을 써야 하는 입장에서는 시인의 마음과 같을 수는 없다. 한번 읽어서 딱 이해가 되는 시, 설명으로 잘 다가오는 시, 그런 시보다는 어떻게 이런 시가, 아니면 이렇게 낯설게도 볼 수 있을까? 그러면서 울림이 오는 것, 의미화 되는 것이 더 오래 마음 속에 머무르기 때문이다.

시인은 스스로 시를 써온 시간의 역사, 시력(詩歷)을 펼치면서 '아직도 나는 땡감' 이라는 겸손한 자의식을 드러내고 있다. 문학의 역사에 남는 홍시인 감이 되고, 적어도 자신의 작품 한 편이 인구에 널리 회자되는 꿈, 이런 꿈은 누구나 꾸는 꿈일 것이다. 정대구 시인의 이번 시집에서 그 한 편의 시를 꼽으라면 나는 「풍선과 사과와」를 꼽겠다.

지구 아래쪽에 점 · 하나 찍어주니까
지구가 풍선 되어
아이들의 손에서 붕붕 날아가네요!

지구 위쪽에 점 · 하나 올려주니까
지구가 사과 되어
사과나무에 주렁주렁 매달리네요!

-「풍선과 사과와」 전문

그렇지만 60여 편의 시에서 갈래지어 읽어야 할 나로서는 달관의 경지에 서 있는 화자가 느낀 달관의 미학을 첫 번째 꼭지로, 그리고 리비도의 세계를 드러낸 세계를 두 번째 꼭지로, 한자어 시어에 대해 끊임없이 고민하고 육화시키려는 시적 감각을 세 번째 꼭지로 펼쳐보고자 한다.

2. 달관의 미학과 유마거사적 심안

한 시에서 시적 화자가 여든 턱이라 밝히고 있으니, 시인의 자의식은 적어도 80년 인생을 살아온 셈이다. 그러나 물리적 나이로 80년이 된다고 그냥 다 깨달음이 오는 것도 아니고 모두 현자가 되는 것도 아니다. 자신만의 안목과 마음으로 현자들처럼 지혜로운 마음을 계속 훈련시키고 연습한 내공과 연륜이 쌓이지 않으면 결코 달관의 나이 80이 그냥 오는 것은 아니다.

시인은 시 「부처」에서 바윗돌과 나무에서 생불을 보는 경지에 서 있는 자를 그리고 있다. 이 시라면 시인은 80년 생애와 연관지어 달관의 미학을 드러낸 층위에 서 있는 자라고 볼 수 있겠다.

또닥또닥, 바윗돌을 쪼아 만들어내야만 부처인가
내 눈엔 바윗돌 그대로가 부처인 것을

어디, 나무를 베어 말려 조각칼을 대어
깎아 만들어내야만 부처인가
살아 있는 나무 자체가 그대로 생불인 것을

-「부처」 전문

어떤 석수장이가 바윗돌에서 끌로 쳐 그냥 불상을 끄집어내는 것을 시화한 시인이 있는가 하면, 어떤 예술가는 다듬어지지 않은 대리석 덩어리에서 숨겨져 있는 형태를 미리 예견하고 그로부터 영감을 이끌어내어 그 형태를 만든다고 했다. 그런데 정대구 시인은 「부처」라는 시를 통해, 끄집어내고 이끌어낼 필요도 없이 그냥 바윗돌과 나무 그 자체가 바로 부처라고 했다. 이는 김동리의 소설 「무녀도」 속 무당 모화의 눈과 마음의 동일선상이 되었다고 할까나? 살구나무와 대추나뭇가지에서도 섬돌에서도 부지깽이에서도 모두 귀신이 있다고 보았던 무녀와 동일선상을 느낄 수 있다. 이 정도면 시인이 부처가 되는 달관의 미학을 드러낸 층위에 서 있는 자라고 볼 수 있겠다.

또 금강경의 장엄하지 않아 장엄하구나(卽非莊嚴 是名莊嚴)를 차용해 장엄의 아이러니를 보여주는 시 「장엄바위」를 보자.

오, 장엄하구나
나의 콧물기침 줄줄이 재채기
장엄하지 않아서 참으로 장엄하구나
(중략)
병원 가래도 안 가는 고집 단단한 콧물바위
장엄하지 않아 장엄하구나

-「장엄바위」

시 「장엄바위」와 앞의 시 「부처」를 함께 묶어 읽으면 더 의미가 있을 것이다. 첫 번째 단계에서 보면 물질의 세계를 바라보는 관물론의 입장이 보이지만, 두 번째 단계에서 보면 물질에 깃든 심령의 경지와 마음이 투영되어 바라보는 관심론으로 파고들어가는 세계가 보여 서로 중첩시켜 시를 읽으면 좋을 것이다. 이는 바윗 속에 깃든 장엄의 아이러니를 독특하게 통찰해낸 것과 나무와 바윗돌을 생불로 보는 「부처」의 시세계와 어떤 점에서 동일하게 느껴지기 때문이다.

다음 「그 사내」, 싯다르타의 온 생애와 부처로서의 여정에 나의 세계를 환치 대입시켜본 시를 보자.

붓다
왕자의 몸으로 가진 것 다 남 주고

머리칼 잘라 남 주고
달랑 바릿대 하나
햇살에 어깨 드러낸 눈부신 누더기 하나
코드가 낡았다고
버저가 잘 못되었다고 비전이 없다
누가 앞질러 손가락질말 하겠는가
팔백사천만억나유타 제불을 섬기고
이천오백몇 년 뒤
후생이 말하는 우주은하계보다 더 큰
삼천대천세계를 열어 보이고
맨발로
두어 마장쯤 걸어가 밥 빌어먹는
저 사내
슬프도록 텅 빈 장엄한 등판
거울삼아
내가 나의 허허한 뒷모습을 본다

-「그 사내」 전문

누구에게나 닮고 싶은 성자나 인물 전형이 다양한 양상으로 있을 것이다. 인생을 살아가면서 누구나 자신들이 설정한 그 인생 전형을 닮아보고 싶어하지 않는가? 시인은 그러한 인물 중 싯다르타를 마음의 거울로 비추어 대비시키고 있다. 한 인간으로서 전 생애를 한 개의 단어 '허허함' 으로 압축시켜 인생을 꿰뚫어 내보이면 이 또한 달관의 경지에 선 자라 할 수도 있을 것이다. 공즉시색과 색즉시공이 하나가 된, 부처의 눈엔 부처가.

바위라는 사물 속에서 장엄함을, 붓다를 통해 나의 허허한 뒷모습을 공의 세계로 펼친 것은 달관의 미학과 시인이 꿈꾸던 선의 등불이 될 수 있을까?에 대한 응답인 듯하다. 「부처」와 「장엄바위」에서는 바윗돌 하나와 살아있는 나무 그대로 생불의 세계와 장엄의 세계로 읽는가 하면, 「그 사내」에서는 공의 세계를. 그러면서도 콧물바위로 의인화시킨 콧물기침과 재채기, 슬프도록 텅빈, 허허한 뒷모습은 어쩌면 세상의 아픔을 함께 하려는 유마거사적 심안이 아닐런지.

3. 조로증早老症의 회한, 환장할 리비도의 분출

시, 「신구운몽」에서 시인의 자의식이 여든 턱이라 밝히고 있으니, 시인은 적어도 인생을 80년 살아온 셈이다. 그 80년 생의 축적 중에서 사회적 지위나 신분으로 살아온 것은 시의 화자를 통해 바로 선생과 시인이라 밝히고 있다. 그런데 선생과 시인의 사회적 퍼소나가 요구하는 역할로 살기 위해 안으로 깊게 저당잡힌, 아니면 조로증세가 되어버려 숨어버린 아니면 숨겼던 남성성, 수컷성 부재의 삶이 시의 화자는 못내 아쉬운 모양이다. 그래서 이 남성성과 수컷성을 꺼내 이팔청춘처럼 피끓는 자유분방의지로 시적 화자는 자신만의 성담론으로 꺼내보이고 있다. 즉 저당잡힌 리비도적 욕망과 늙어버린 리비도적 욕망을 한편으로 풀어주고 한편으로 회춘하고픈 강한 의지로 펼치고 있다. 여기에서 요즘 많이 거론되는 사회적 미투 성향이 일부 시에서 느껴지는데 언어의 옷을 살짝 입혀 비껴나가고 있다. 자연물 '바람결', '골짜기', '해우소', '밤송이' 등이 사람처럼 말을 할 수 있다면 미투라고 강변할 수도 있을 것이다. 선생님, 시인이란 이름으로 살아왔던 사회적 자아는 일찌감치 애늙은이가 되어 누님과 어머님, 여학생 제자만 만났던 젊은 시절을 보냈다고 했다. 그것이 지금에 와서 못내 안타까운 모양이다. 그래서 메피스토펠레스가 되어 타임머신을 타고 그 시절로. 무의식의 경계 짓기와 그 금기를 깨버리고 그 순간에는 만년 백발인 나와 선생이었던 나를 모두 떼어버리고, 내 청춘을 돌려받고 싶다고 호소하는 듯하다. 이는 무의식에 자리잡혔던 경계와 금기를 다 허물어뜨리고 그 시절, 일찍 애늙은이가 되고 선생님으로만 살아야 했던 조로증早老症. 그 조로증早老症에 대해 한번 따져보고 펼쳐보고 치유해보고 회춘하고 싶은 의지를 되살려갈 뿐만 아니라 그 나이로 되돌아가 환장할 청춘의 리비도로 분출시키고 싶은 것이다. 일련의 시, 「신처용가」, 「신구운몽」, 「피카소를 보러 가서」 세 편을 읽어보자.

「처용가」는 수많은 문인들이 시로 소설로 희곡으로

다시 써 보는 매력있는 고전의 원천 작품이다. 정대구 시인의 「신처용가」는 또 한 명의 '신처용'과 마누라와 역신을 등장시키고 있는 시다.

서울서는 밤이 더 시끄러워
차라리 초저녁부터 자버린 내가
시골로 내려와 살면서
제일로 그냥 보내기 아까운 건 맑고 밝은 달밤
오늘밤도 자석처럼 딸려나가
밤 깊어지는 줄도 모르게 밤 깊어졌네

- 마누라야 역신과 자든 말든 「신처용가」 전문

이 시에서 시인은 신라 시대의 처용이 아닌 우리 시대의 신처용을 등장시켜 마누라와 역신 둘의 관계에 대해 그리고 있다. 시의 결구에서 신처용의 마음 상태는 한편으로 무관심과 방치일 수도 있고 또다른 한편으로 포용일 수도 있고 질투심을 해소시킨 상태로도 읽을 수 있다. 그러기에 어떤 면에서 신처용 스스로 역신이 될 가능성을 열린 결말로 제시했다고 할까?

그래서 그 다음에는 스스로 역신이 되고픈 의지로 '환장할 놈의 내 청춘' 동명의 이름을 가진 장소, 대포집을 향한 의지로, 그 다음에는 수탉이 되어 팔선을 거느리고픈 꿈의 나래로, '신양소유'가 되어 펼쳐나갈 수 있을지도 모른다. "의정부 가면 '이 환장할 놈의 내 청춘'이라는 대포집이 있다/ 환장할 놈의 청춘도 없이 애들 적부터 애늙은이로 늙은 나/ 어디 한번 이 나이에 들어가 보자 이 환장할 놈의 내 청춘/ 그래 한번 붙어보자 너랑 나랑 누가 더 환장할 놈의 청춘인지"(「이 환장할 놈의 내 청춘」 전문). 시적 화자는 젊은 청년 시대에 '환장할 놈의 청춘'이 부재였던 시절에 대한 회한을 강변하고 있다. '처용과 역신'은 어떤 면에서 한 인간의 두 자아, 어둠의 자아와 밝음의 자아, 두 심리적 세계의 공존이 아닐까, 이제 역신의 자아를 이끌고 환장할 청춘의 세계로 타임머신을 타고 돌아가 청춘을 회생시켜 보자. 그의지, 너랑 나랑 누가 더 환장할 놈의 청춘인지? 리비도의 욕망이 누가 더 큰 지 내기를 하고픈 젊은 치기, 그것은 일찌감치 조로의 자아로 살아왔던 안타까운 자의식에 대한 금기 해소, 경계 해소로 풀어헤친 결과로 보인다.

그 다음에는 젊은 치기에서 한 발 더 강도를 높여 몽중계의 옷을 입고 꿈의 세계로 진입한 「신구운몽」의 세계를 보자. 이 시에서는 시적 화자가 몸짱 수탉으로 변신해서 여덟 여자 팔선녀를 거느리고 싶은 욕망계로 진출하고 있는 '신양소유'의 꿈을 드러내고 있다.

엉뚱하게 귀신은커녕 여자가 아른아른

언제고 꿈속에서라도 나,

멋진 붉은 벼슬과 꽁지깃을 달고
길고도 아름다운 목청을 빼는
스태미나 넘치는 늠름한 수탉으로 태어나

예쁜 여자들 후려 납작 엎드리게 하고
팔선녀쯤 사랑으로 감당해야지
지붕 쳐다보기는 그만하고
암, 옆에 끼고 누려야지 즐겨야지

- 「신구운몽-수탉이 되어 여자가 보이네」 일부

「신구운몽」 역시, 시 「이 환장할 놈의 청춘」과 마찬가지로 시의 화자는 여자를 여자로 볼 나이에 어머니와 누님, 어린 여학생들, 육친적 여성들과 지냈고 젊은 여성들과 지내지 못했던 자신은 못내 아쉬움이 컸던 모양이다. 그러기에 여든 턱 밑에서 여자가 여자로 보이기 시작하여, 온몸으로 여자를 뽐내는 여자로만 보이는 여자들. 물오른 처녀애들, 싱싱한 오월의 눈부신 몸매, 아슬아슬한 노출을 바라보는 그 욕망을 '구운몽' 이란 옷을 입고 꿈속에서 주인공 신양소유가 되어 늠름한 수컷의 상징인 수탉으로 태어나 그녀들을 만나고 싶어한다. 「구운몽」의 주인공 양소유처럼 팔선녀를 옆에 끼고 누리고 싶은 신양소유의 수탉적 자유분방의지를 지닌채. 양소유가 여덟부인이자 팔선녀(제1부인 정경패, 제2부인 이소화, 제3부인 진채봉, 제4부인 가춘운, 제5부인 계섬월, 제6부인 적경홍, 제7부인 심요연, 제8부인 백능파)를 누리고 즐긴 것이 시적 화자는 부러웠던 세계일까? 시의 화자는 신양소유로 변신해 여자들 세상 가운데서 몸짱 주인공 삶을 누리고 싶어한다. 어떤 면에서 「구운몽」에서 양소유와 성진은 「처용가」의 처용과 역신처럼 극과 극의 이중적 세계를 가진 인간의 이중적 자아일 수도 있다. 김만중의 「구운몽」은 양소유적 인생의 삶에 대한 허무와 일장춘몽적 세계에 대한 각성의 작품이다. 그리고 김만중은 양소유와 관계했던 8명의 여인들은, 예술적 경지, 무예적 경지, 가문의 위치에 걸맞게 모든 것을 갖춘 여성들을 등장시켜 조선시대 사대부의 욕망을 작가의지로 드러내고 있다. 반면 정대구 시인은 「구운몽」의 일면만을 차용하여 시 「신구운몽」에서 상상적 몽중 세계를 빌려 성담론자 남성 신양소유의 여성편력의 꿈으로 진입시켜 해석하고 있다.

수탉에서 피카**소**의 소로 변신하는 시적 화자의 무의식으로 「신구운몽」의 신양소유에서 순간 피카소 심리 소유자가 되어 「피카소를 보러 가서」의 소로 연결시켜도 되며 함께 읽어도 될 것이다. 이 시에서 시적 화자는 시적 상상력 세계 속에 단순한 소가 아닌 벌거벗은 피카소가 되어 네 번째 결혼한 그녀 '마리 테레즈' 와 닮은 생각을 하다가 수컷적 성심리를 발산시켜 그려내고 있다.

도대체 나이를 종잡을 수 없는
그녀와 함께
서울에 들어온 피카소 전을 보러 갔다
피카소는 소가 아니다
아니다 소다

(중략)

그녀는 본전 생각에
눈에 불을 켜고 소를 찾아
내기에 지지 않으려고 기를 쓰고 헤매다가
눈이 앞으로 튀어나오기도 하고
때로는 뒤로 숨어버리는 나를 찾느라
뒤통수에 불을 붙이고
물론 가슴에도 눈이 켜져 있다
이때에 그녀는 단순한 소가 아닌 벌거벗은 피카소
가
네 번째 결혼한 그녀*를 닮았단다
두 개의 얼굴이 평면상에서
앞과 뒤로 나뉘고
하나의 선으로 이어진
두 개의 직삼각형 유방이
나비넥타이처럼 비스듬히 걸려있다
나는 무료한 참에
그 역삼각의 숲을 헤치고
숫소를 몰고 들어가
텐트 치듯 말뚝을 박고
저녁을 쑬 생각이었는데
불현듯 그녀가 발기한 나에게

팔짱을 걸었다

-「피카소를 보러 가서」 일부

'청춘을 돌려다오' 라는 유행가 가사가 있듯이 산업화 과정에서 압축적 성장을 시켜온 한국 사회의 남자들은 산업전사로, 한 집안의 가장의 중압감으로 살아왔던 아버지들이다. 그들은 일찌감치 젊음을 저당잡히고 늙어버린 우리 세대의 아버지를 대변해서 사회적 가디르시스를 해소시켜줘 이런 부류의 노래들이 인기가 있는지도 모른다. 이 시 「피카소를 보러 가서」에서는 좀 더 한 단계 파고 들어가 젊은 남성의 성심리까지 진입하고 있다. 한국 사회에서 요구했던 사회적 퍼소나에 맞추어 살려고 애써온 생에 대한 회한을 역설적으로, 수탉에서 소로 변신하는 시적 화자의 무의식, "단순한 소가 아닌 벌거벗은 피카소가 네 번째 결혼한 그녀를 닮았고." "나는 무료한 참에 그 역삼각의 숲을 헤치고 숫소를 몰고 들어가 텐트 치듯 말뚝을 박고 저녁을 쏠 생각이었는데 불현듯 그녀가 발기한 나에게 팔짱을 걸었다"로 표현해내고 있다. 「피카소를 보러 가서」에서는 당시 나이 17세의 마리 테레즈와 관계했던 피카소의 인생 부분을 차용하고 있다. 허구 속의 주인공 양소유와 실제의 대예술가 피카소를 대비시켜 볼 수도 있다. 허구 속 주인공 양소유는 소설 「구운몽」 속에서 8선녀를 거느렸던 남성의 꿈을 조선시대 서사적 세계로 펼쳐냈다면, 피카소는 20세기 현실계에서 7명의 여인을 복잡다단하게 편력을 이뤄낸 장본인이 될 수도 있다. 그런 강렬한 남성성의 욕망계의 화자와 시적 화자들을 통해 환장할 리비도의 세계를 그려내고 있다. 신처용과 신양소유와 피카소 심리의 소유자 세 명을 수컷적 남성의 성의식이 같은 노선에서 펼쳐본다면 흥미로운 남성적 성담론을 느낄 수 있을지도 모른다.

온 사회가 미투 운동으로 어지러운 이 때, 시인은 시인이기에 시의 옷을 잘 입혀 살짝 비껴나고 있기도 하다. 표현의 자유와 사회적 미투 운동 사이에.

4. 한자 시어의 육화와 조어 감각

문자언어의 여러 양상 중 표음문자와 표의문자의 세계가 분명, 보이는 시와 그림같은 시, 보여지는 조형적 시와 그리고 읽히는 시, 때로는 노래하는 시로 이번 정대구 시집을 읽으면서 시 속에서 글과 관련된 다양한 시의 화자를 만났다. 시를 써온 사람, 말의 낚시꾼, 남과 다르게 세밀한 언어를 잘 듣는 사람, 봉황의 꿈을 가진 잡새 등등이다. 그렇다면 시인은 시각적 특성을 고려해

시 자체의 형식미와 조형미가 드러난 시로 탄생시킬 수도 있고, 읽혀야 한다면 어조의 미, 낭송의 느낌이 감각적으로 드러난 시로 탄생시킬 수도 있다. 정대구 시인은 언어 조형의 세계에 무척이나 공들이고 있다. 언어로서 만들어진 시의 집을 갖고 있는 자로서 음악적 시, 조형미가 있는 그림같은 시인데 시인은 시적 외형의 울림에 대해 많이 고뇌하고 있다. 한글로 어조의 미를 드러내는 시어들 '~고 ~고 ~고 ~고' '~도 ~도 ~도 ~도~ … 섬 ~섬 ~섬 ~섬…', "돌아가고 쳐박고 곤두박질치고 부서지고 피어오르고 흘러가고 쏟아지고 스며들고 솟아오르고 펑퍼지고 둥글어지고"「물이 가는 길」, "죽도 독도 우음도 (중략) 새섬 돋섬 콩섬 밤섬 쌀섬 엇섬 돈섬 백섬 천섬 만섬 만만섬"(「부자나라」 중 일부). 조형의 미가 드러나는 시로 풍선 모양과 사과 모양을 보여주는 시, 지구 아래쪽에 점 · 하나 찍어주니까/ 지구가 풍선 되어/ 아이들의 손에서 붕붕 날아가네요!/ 지구 위쪽에 점 · 하나 올려주니까/ 지구가 사과 되어/ 사과나무에 주렁주렁 매달리네요!"(「풍선과 사과와」) 빛과 빚의 차이를 "일점이 떨어져나간 빛이 빚으로 변해버려"(「빛과 빚」), 조형적 시각을 잘 보여주는 시 「사랑병」 등 다채롭게 드러내고 있다.

필자는 정대구 시집에서 한자 시어를 딱딱하고 관념적 맛이 아닌 시구 속에서 자연스럽게 녹여낸 일련의 시들을 만났다. 표의계를 표음계에 녹인 「씨에 대하여」에서 "한 여자가 한 남자를 아무개 '씨' 라고 부를 때/ 자신도 모르게 그 여자의 씨방에 사랑의 씨를 불러 앉히자는 거지/ (외경심畏敬心이 사랑 낳나, 살이 사랑 낳지.) / '선생님' 하고 부르던 한 여자가/ 어느 날 느닷없이 아무개 씨라고 나를 부르네/ 좋아요 좋아 서로간의 경계 짓는 외경外境 畏敬을 허물어 버리고/ 살의 거리를 좁혀 보자는 거겠지"(「씨에 대하여」)에서 서로간의 경계 짓는 외경外境 畏敬을 허물어버리는 것. 서로 간의 경계 짓는 외경과 외경을 허물어버리는 것으로 드러내고 있다. 또 이중적 한자어의 병치법으로 구현시킨 「티눈」에서는 "촌은 역시 촌스러워야 하는데/ 우거진 자연숲을 까내고/ (중략) / 이용하는 사람 없는 공원公園은 공원空園이 되어버려/ 그 자리가 늘 아프다네"로, 「새해를 포맷하자〉에서 "스멀스멀 웃음이 터져 나와/ 우하하 우화화羽化化/ 우화이등선羽化而登仙/ 날갯짓 무한창공을 날아오른다."로, 「장기를 배우면서〉에서 "마馬는 날일자(日)로 뛰어야 하고/ 상象은 뚜벅뚜벅 멱을 피해서 쓸용자(用)로 가야 하는데/ (길목을 지키는 멱이 문제로다 길목 찾기 어려워) / 포는 징검다리를 넘어가 때리고/ 차는 직선으로 내달려 곧바로 장을 부를 수도 있고/ 사와 궁은 궁성 밖을 못 나가"로 그리고 있다.

이는 시인이 한자 세대여서 가능한 것이 아니라 시의

조형세계에 대해, 표의세계와 표음세계의 병합적 세계에 대해 끊임없이 고뇌한 결과가 아닐까? 박상륭 소설가가 외국에 오래 살다보니 뜻글자인 한자는 의미가 그대로 전달되어 소설 「칠조어론」에 병기하는 것과 같은 맥락일까? 나, 역시 중국에서 6년을 지내다보니 한자의 세계, 물론, 지금은 한국 한자와 같고도 다르지만 일단 간판을 보면 중국어 병음으로 읽을 수 없어도 글자를 보면 의미가 그냥 다가오는게 큰 장점이다. 뿐만 아니라 한자 한 개에 필체가 무려 80체가 있을 정도로, 한자의 묘미를 느끼기도 했다. 표음어와 표의어에 대해 깊은 관심을 기울이고 있던 나로서는 정대구 시인의 시에서 육화된 한자 시어를 만날 수 있어 내심 반가웠다. 「주문」이라는 시에서 "심경深更에 심경心經을 심경深耕하여 심경深境에 든 심경心鏡/주소불이晝宵不二 주야상견晝夜相見"로 시작하고 있다. 어려운 한자인 듯 하나 정대구 시인은 그것을 다시 시어로 풀어 이중적 언어 세계로 진입하게끔 만드는 묘미를 갖고 있다.

누군가 이 깊은 밤에
마음경 꺼내어
얼룩진 상처
어둡고 괴롭던 마음결
닦고 또 닦아
아른아른 맑고 밝은 깊은 경계에 닿은

마음의 거울
그늘도 빛도 따로 없이
낮에도 밤을 읽고
밤에도 낮을 보네

깊은 밤 마음경 깊이 갈아 깊은 경지에 든 마음거울
주야가 따로 없이 밤낮 서로 비추네

-「주문」 일부

「아직도 땡감」에서는 "너만큼 시력詩歷을 쌓은 시력視力이면/ 괜찮은 나무와 꽃과 구름과 바람 새소리로 집을 짓고/ 시구마다 줄줄이 삶의 지팡이를 세우고" 이중적 언어 세계로 진입하게끔 만드는 묘미를 갖고 있다.

마지막 「제 8요일」이란 시를 보자.

월 화 수 목 금 토 일
단 하룻밤도 별이 보이지 않는다

月요일, 월명성희, 달이 너무 밝아 별이 잘 보이지 않는다 치자
火요일, 불빛이 너무 환한 탓에 별이 보이지 않는다 치자
水요일, 짙은 물안개가 앞을 가리어 별이 보이지 않는다 치자
木요일, 나뭇가지가 너무 흔들리는 바람에 별이 보이지 않는다 치자

金요일, 별이 보이지 않는다 너무 번쩍거려
土요일, 별이 보이지 않는다 흙바람 앞을 가려
日요일, 일요일 밤이라 별 볼일 없어

일주일 내내 별이 보이지 않는다
옳지, 허면 제 8요일로 별성星자 성요일을 창조하심이 어떨지
星요일, 밤하늘은 얼마나 멋지겠어

-「제 8요일」 전문

세상을 재미있게 살아가려고 애쓰는 사람들, 재미있는 사람들은 일주일 내내요일들을 해학적으로 월요일, 화요일, 수요일, 목요일, 금요일, 토요일, 일요일을 재미있게 앞뒤에 소시민의 현실과 꿈에 대해 짧은 수식어를 붙여가며 이야기하고 있다. 그것에 동의하는 자들은 그 말들을 회자시키고. 또 현실계를 잠깐이나마 벗어나고픈 상상의 나래를 펼치기를 갈망하고 있다. 또 어떤 부류의 사람들은 분명 전대 사람들의 영향 아래 하루의 시간 24시가 아닌 25시, 일년의 시간 12월이 아닌 13월, 일주일의 7요일이 아닌 8요일 등 상상의 나래를 펼치곤 한다.

정대구 시인은 이 두 가지 세계를 겸비해서 「제 8요일」이란 시를 보여줬다. 소시민의 일상계를 지배하는 말보다는 자연 생태환경과 결부지어 일주일을 노래하며

마지막 별의 요일 星요일로 창조한 세계가 멋지지 않은가? 시인만이 할 수 있는 세계. 시의 집을 만들고, 그 집을 언어로 만들어내는 언어 창조, 의미 창조, 시어 창조라는 입장에서. 이 제 7요일이 아니고 「제 8요일」에서는 성星요일의 창조하심으로 이중적 언어 세계로 진입하게끔 만드는 묘미를 갖고 있다. 중국에서는 요일에 1, 2, 3, 4, 5, 6 숫자를 붙여 월요일星期一, 화요일星期二, 수요일星期三, 목요일星期四, 금요일星期五, 토요일星期六, 일요일星期日인데 비하여 한국에서는 月요일, 火요일, 水요일, 木요일, 金요일, 土요일, 日요일, 철학적 세계가 깊이 남아있어 일월日月 해와 달, 금목수화토金木水火土 음양오행 중 오행, 별의 요일(星요일)까지 덧붙여진다면 시인이 창조하려한 멋진 초시간의 요일이 아니겠는가?■